Juraté Matulioniené
Daiva Pundziuviené

Comunidade lituana de Boston: Desafios e oportunidades

AF301663

Juratė Matulionienė
Daiva Pundziuvienė

Comunidade lituana de Boston: Desafios e oportunidades

ScienciaScripts

ÍNDICE

CAPÍTULO 1

Desafios e oportunidades para os imigrantes do Reino Unido que aprendem inglês: um estudo de caso das aulas de ESOL[1]

Resumo. No Reino Unido, a necessidade de os imigrantes adultos aprenderem inglês inclui considerações sobre os recém-chegados e os que vivem no Reino Unido há muito tempo mas ainda não falam inglês; os que se encontram numa grande variedade de situações de trabalho; e os que estão a sofrer um choque cultural. Estes alunos têm frequentemente uma baixa autoestima e desenvolvem muitas vezes barreiras psicológicas para falar uma língua estrangeira. Embora a maior parte da aprendizagem do inglês ocorra em contextos informais, as instituições formais no Reino Unido e nos países de origem dos imigrantes também podem oferecer uma formação linguística útil. Para compreender as necessidades dos aprendentes adultos, este estudo utilizou um inquérito para explorar as percepções e experiências dos participantes relativamente à aprendizagem do inglês no âmbito de um programa ESOL, seguido de entrevistas semiestruturadas destinadas a fornecer uma visão mais aprofundada dos principais obstáculos à aprendizagem do inglês. Além disso, o estudo investiga uma oportunidade para os imigrantes do Reino Unido melhorarem as suas competências em inglês e para os seus filhos estudarem a língua materna dos pais, através de um programa de aprendizagem em linha numa importante universidade lituana. O estudo revelou que os factores mais importantes que influenciam o desenvolvimento da competência em inglês dos alunos são o seu bem-estar psicológico e a crença no progresso dos seus estudos de inglês. Os resultados indicam a necessidade de os professores de línguas desenvolverem estratégias inovadoras de aprendizagem de línguas e abordarem os estilos de aprendizagem individuais, bem como as competências sociais, interculturais, cognitivas, de resolução de problemas e de gestão do tempo. A utilização de uma estratégia mista de aprendizagem de línguas poderia criar mais possibilidades de desenvolver competências em inglês de uma forma mais adaptada aos contextos educativos, linguísticos e culturais dos alunos.

Palavras-chave: Inglês para falantes de outras línguas (ESOL), imigrantes do Reino Unido que aprendem inglês, autoestima e aprendizagem de línguas estrangeiras, aculturação, ESOL no Reino Unido, estratégias de ensino inclusivas, aprendizagem em linha

---

[1] originalmente publicado na revista científica Sustainable Multilingualism, vol. 5 [10], 2014; autorização concedida à LAP LAMBERT Academic Publishing

Introdução

Embora tenham sido feitas muitas tentativas para explorar as dificuldades linguísticas, culturais, psicológicas e muitas outras que os imigrantes do Reino Unido enfrentam ao tentarem adaptar-se ao seu novo país e à sua nova cultura, os estudos sobre a forma de proporcionar programas de ensino de inglês eficazes e sobre os métodos de ensino a aplicar continuam a ser da maior importância. Os factores comuns que influenciam o sucesso ou o fracasso da melhoria das competências em inglês dos recém-chegados são numerosos. É importante ter em conta que os imigrantes são frequentemente aprendentes de inglês vulneráveis e em desvantagem devido à sua baixa autoestima, falta de competências sociais, baixa auto-confiança, pouco tempo e energia para estudar, literacia insuficiente na sua língua materna, desconhecimento das estratégias de aprendizagem da língua e dos estilos de aprendizagem individuais e, por último, falta de motivação para aprender uma nova língua, uma vez que, desde o início, não esperam um processo de aprendizagem bem sucedido e satisfatório.

Um professor de ESOL que trabalha num programa de ESOL observa que, embora a maioria dos imigrantes do Reino Unido se aperceba de que o principal desafio para uma integração social bem sucedida é a sua falta de conhecimentos adequados da língua inglesa, na realidade é muito difícil mantê-los motivados durante toda a duração dos seus cursos. Muitos aprendentes adultos de ESOL, que normalmente vêm com objectivos e necessidades de aprendizagem muito específicos, frequentam cursos de línguas por sua livre escolha, normalmente com sacrifícios pessoais e financeiros consideráveis. Se os cursos não satisfizerem as suas necessidades, perderão a motivação e deixarão simplesmente de frequentar as aulas de línguas. A relevância é talvez o fator de motivação mais importante para os estudantes de ESOL. Se os alunos forem expostos a competências para a vida, tais como candidatar-se a um emprego, sobreviver num país estrangeiro, lidar com o choque cultural, etc., a sua motivação para estudar pode aumentar. Vários académicos de renome que se debruçam sobre estratégias de ensino de línguas na aprendizagem ao longo da vida salientam a importância de um ambiente de aprendizagem motivador, em que todas as actividades sejam estimulantes e proporcionem oportunidades de interação real com as pessoas, a cultura, a língua e o ambiente social (Biggs, 2011; Prince, 2004; Youngs, Ohsako, & Medel-Anonuevo, 2001). Laurel (2010) sugere que as actividades de ensino das línguas devem ser suficientemente estimulantes para que os alunos não queiram faltar à aula porque estarão a perder uma "ação". Além disso, Gravells (2012) afirma que o estabelecimento de regras básicas é importante para criar um ambiente de trabalho e de aprendizagem seguro, reforçar o comportamento adequado e mostrar respeito por todos num grupo multicultural e multilingue de estudantes de ESOL.

Estes alunos, provenientes de uma grande variedade de contextos culturais e educativos, estilos de aprendizagem e capacidades, requerem não só um ambiente de aprendizagem especial, mas também estratégias de ensino específicas. Como salientam Ambrose, Bridges, DiPietro e Lovett (2010), as estratégias de ensino inclusivo podem ajudar a aliviar a tensão, bem como a insatisfação e a baixa auto-confiança dos alunos, tendo em conta que:

Embora alguns de nós possam querer concetualizar as nossas salas de aula como culturalmente neutras ou possam optar por ignorar as dimensões culturais, os alunos não podem deixar as suas identidades socioculturais à porta, nem podem transcender instantaneamente o seu atual nível de desenvolvimento (pp. 169-170).

Tisdell (1995) identificou os seguintes três níveis importantes de ensino inclusivo:

1. A identidade diversificada dos aprendentes de línguas é o critério mais importante que deve refletir-se no currículo, nas actividades e na metodologia utilizados por um professor de línguas.

2. A aprendizagem deve estar intimamente ligada ao ambiente em que os participantes trabalham e vivem;

3. Os conteúdos de aprendizagem devem refletir a evolução das necessidades de uma sociedade cada vez mais diversificada (p. 4).

A este respeito, o sucesso dos estudantes imigrantes ESOL na aprendizagem de uma língua estrangeira está intimamente ligado à sua identidade nacional, língua, cultura e experiências pessoais, bem como aos esforços do seu professor para apreciar esta diversidade e singularidade. Assim, um professor de ESOL para estudantes imigrantes deve estar ciente das múltiplas perspectivas dos estudantes em resultado da sua etnia, classe, idade, formação académica e estado emocional, que pode ser influenciado pelo choque cultural, saudades de casa e muitos outros factores.

Como forma de responder às necessidades únicas dos aprendentes imigrantes, o investigador considera que podem ser consideradas várias ferramentas de ensino. Por exemplo, o ensino à distância e os recursos em linha podem ser utilizados para criar uma ligação entre os aprendentes imigrantes e os seus países de acolhimento e de origem. A aprendizagem virtual, quando o apoio, a moderação e as instruções são dadas na língua materna do aprendente, pode tornar o processo de ensino mais centrado no aprendente e relevante para os seus contextos educativos, sociais e culturais.

Questões de investigação

Para compreender melhor as necessidades dos diversos imigrantes aprendentes de inglês que vivem no Reino Unido, bem como para identificar ferramentas e recursos que possam ser úteis para responder a essas necessidades, o investigador abordou as seguintes questões de investigação neste estudo:

1. Quais são os factores mais importantes que influenciam o sucesso dos alunos imigrantes do Reino Unido que aprendem inglês num programa ESOL?

2. Que metodologia de ensino pode ser eficaz para ajudar esses alunos a integrarem-se com êxito a nível social, linguístico e cultural num novo país?

3. Poderá uma estratégia mista de aprendizagem de línguas organizada pelas instituições dos seus países de origem aumentar o seu sucesso na aprendizagem de uma língua estrangeira, mantendo simultaneamente uma ligação ao seu país e cultura de origem?

As respostas a estas perguntas podem permitir ao investigador

• identificar os objectivos de estudo mais importantes dos participantes antes da sua participação num curso de ESOL;

• avaliar as experiências positivas e negativas dos alunos num curso de ESOL;

• analisar a autoavaliação dos alunos sobre as competências melhoradas num curso de ESOL;

• investigar as atitudes dos alunos relativamente à utilidade de diferentes abordagens de ensino das línguas, incluindo uma possível implementação das TIC, no processo de ensino e aprendizagem da língua inglesa;

• explorar os principais obstáculos psicológicos à aprendizagem do inglês e a forma como estes factores afectaram a sua aprendizagem do inglês;

• propõem o emprego de estratégias de ensino inclusivas e a utilização das TIC como ponte para melhorar a aprendizagem dos estudantes de ESOL, bem como permitir que os seus filhos ou familiares estudem a sua língua materna, frequentando cursos de língua e cultura apresentados em linha pelos seus países de origem num modo de ensino à distância ou misto.

Metodologia

Foi aplicada uma metodologia de investigação quantitativa, utilizando um questionário para explorar as necessidades, experiências e atitudes dos participantes. A primeira secção do instrumento de investigação era composta por 7 perguntas fechadas e destinava-se a recolher dados sobre os objectivos de estudo mais importantes dos participantes antes de participarem num curso ESOL, a sua autoavaliação das competências que melhoraram num curso ESOL, as suas atitudes em relação à utilidade de várias abordagens de ensino de línguas e uma possível implementação das TIC no processo de ensino e aprendizagem da língua inglesa. A segunda secção do questionário centrava-se nas expectativas e oportunidades dos participantes relacionadas com a aprendizagem do inglês. Para além das perguntas fechadas, foram incluídas várias perguntas abertas em ambas as partes do questionário. Os dados obtidos foram analisados utilizando frequências e análise descritiva.

Após a aplicação do questionário, foram realizadas entrevistas com os participantes no estudo, a fim de obter uma visão mais aprofundada dos principais obstáculos e oportunidades na aprendizagem do inglês. O formato de entrevista semi-estruturada foi escolhido para incentivar os alunos a refletir sobre a sua experiência de aprendizagem e para avaliar os factores que afectaram positiva ou negativamente a sua aprendizagem do inglês. Os dados foram recolhidos pelo professor de um curso comercial de ESOL em que os participantes estavam inscritos. As entrevistas foram efectuadas após a conclusão de um curso de ESOL de nível elementar. O entrevistador tinha um guião de entrevista em papel com 6 perguntas abertas preparado com antecedência. Devido à possibilidade de as discussões divergirem do guião da entrevista, as entrevistas foram gravadas e transcritas para análise posterior.

Amostra

A amostra da investigação foi selecionada com base em três critérios. Em primeiro lugar, todos os participantes se encontravam no nível elementar (nível A1, de acordo com o Quadro Europeu Comum de Referência para as Línguas) de competência linguística em inglês. Em segundo lugar, os inquiridos partilhavam antecedentes culturais e sociais semelhantes, bem como um estatuto socioeconómico. Em terceiro lugar, as suas experiências como recém-chegados ao Reino Unido eram relativamente recentes, uma vez que o tempo passado num novo país como imigrantes não foi superior a três meses. O objetivo do estudo foi explicado aos participantes antes da candidatura.

Os participantes eram 14 alunos de inglês lituanos e 2 letões inscritos num curso de ESOL e foi escrito na perspetiva de um professor que trabalha e ensina este grupo de adultos. O nível de escolaridade dos inquiridos está representado na Figura 1, enquanto a Figura 2 mostra a representação das línguas faladas em casa no Reino Unido pelos inquiridos.

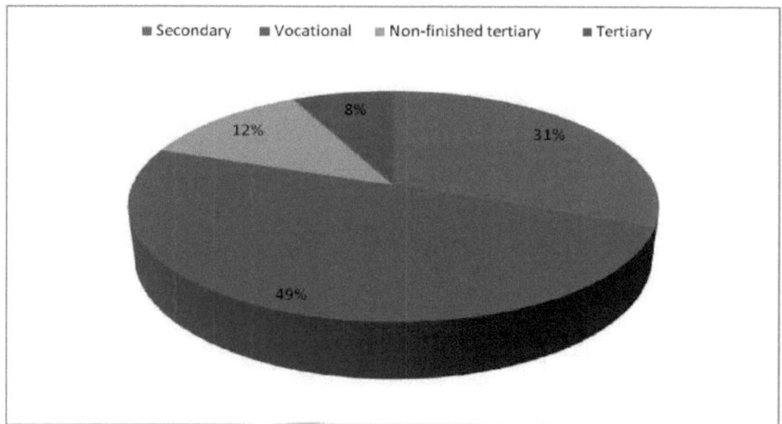

Figura 1. **Nível de escolaridade dos inquiridos**

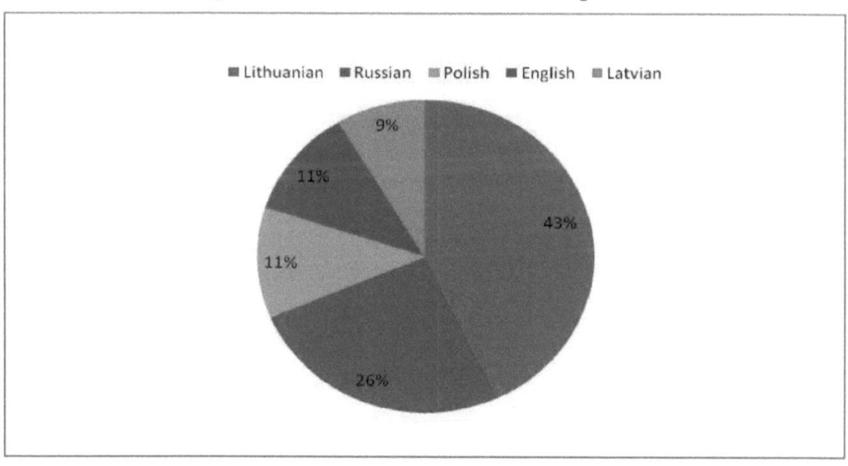

Figura 2. **Línguas faladas em casa no Reino Unido**

Os estudantes tinham diferentes níveis de educação, sendo que a maioria (49%) tinha um nível profissional. Alguns dos inquiridos provinham de famílias bilingues, tendo declarado que eram faladas várias línguas em casa no Reino Unido. O inglês era a primeira língua estrangeira de todos os inquiridos e a sua idade média, que variava entre os 29 e os 62 anos, era de 38,4 anos.

Resultados

Entre os múltiplos desafios que os imigrantes do Reino Unido enfrentam, tanto a nível pessoal como social, está o facto de entenderem que as oportunidades de emprego e de carreira são limitadas para aqueles que não sabem falar inglês. O presente estudo mostra que a maioria dos adultos que aprendem inglês podem oferecer um conjunto muito diferente de competências, conhecimentos e expectativas para a sala de aula enquanto indivíduos. Como ilustra a Figura 3, a maioria dos participantes acredita que o inglês é um passo fundamental na adaptação ao modo de vida britânico e é necessário para a sua sobrevivência num país de língua inglesa.

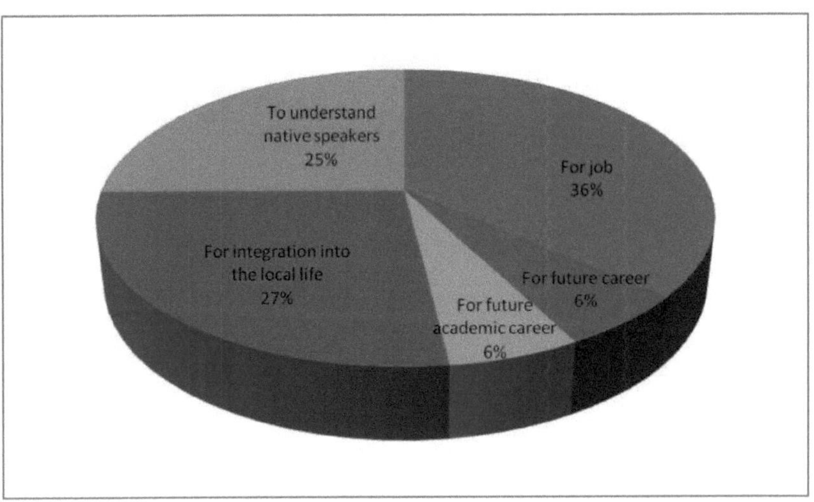

Figura 3. **Objectivos de estudo mais importantes antes da participação num curso de ESOL**

De acordo com os resultados do questionário, 36% dos inquiridos expressaram a necessidade de competências em inglês para encontrar trabalho; 27% sentiram a necessidade de aprender inglês para se integrarem na vida local; e 25% queriam aprender inglês para compreender os falantes nativos (25%). Apenas alguns dos participantes (6%) referiram uma carreira académica como objetivo de aprendizagem, e outros 6% consideraram a aprendizagem do inglês como um meio de encontrar uma carreira gratificante no novo país. Tendo em conta que a sua competência em inglês era muito básica, as suas expectativas pareciam ser realistas a este respeito. Além disso, tal como Biggs (2011), Prince (2004) e Youngs, Ohsako e Medel-Anonuevo (2001), os inquiridos mencionaram as seguintes razões para a sua necessidade de aprender inglês:

- a capacidade de comunicar em locais públicos;

- a necessidade de se sentir mais à vontade em locais públicos e de compreender a língua local;

- a necessidade de se familiarizar com a cultura, as tradições, as normas sociais e os costumes locais.

Além disso, a maioria dos inquiridos referiu que a sua autoestima era baixa no novo ambiente e acreditava que uma maior competência em inglês poderia ajudar a melhorar a sua auto-confiança e bem-estar, tal como Ambrose, Bridges, DiPietro e Lovett (2010).

Para além de analisar os objectivos de estudo mais importantes antes da participação num curso de ESOL, o investigador pediu aos participantes que avaliassem as competências que já tinham melhorado no curso. De acordo com Blanche (1989), a autoavaliação é um fator importante durante o processo de aprendizagem, uma vez que promove a autonomia do aprendente e a consciência dos alunos das suas necessidades individuais de aprendizagem. Os resultados do estudo indicam que a maioria dos inquiridos considera que aumentou a sua competência em gramática inglesa, leitura, tradução e compreensão oral e que aumentou o seu vocabulário em inglês (ver Figura 4).

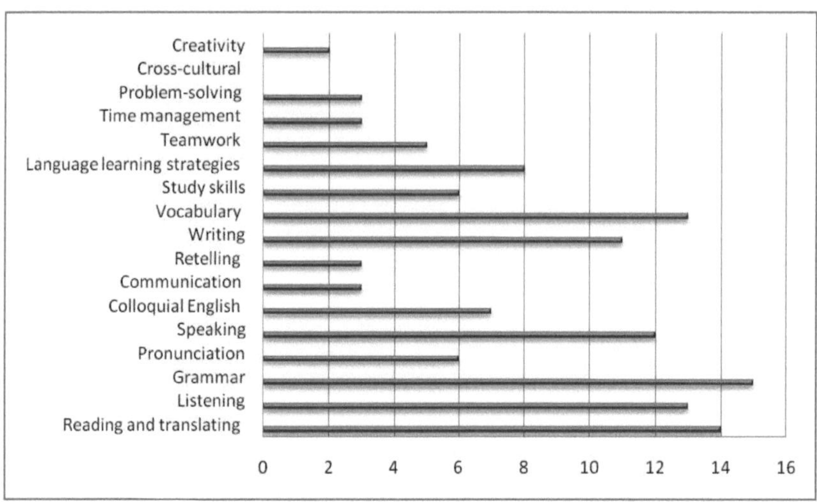

Figura 4. **Autoavaliação dos alunos sobre as competências melhoradas num curso de ESOL**

Os participantes também se mostraram positivos relativamente aos seus progressos na expressão oral e escrita em inglês. Por outro lado, competências como a criatividade, a resolução de problemas, a gestão do tempo e a comunicação foram assinaladas apenas por alguns inquiridos, o que sugere que a sua atenção à aquisição de conhecimentos e competências orientadas para o desenvolvimento pessoal é mínima. Esta avaliação dos estudantes pode ser influenciada pela sua atitude em relação às competências acima mencionadas como não importantes e não relacionadas com a aprendizagem de línguas ou pela falta de atenção do professor ao desenvolvimento destas competências durante o curso.

Finalmente, apesar da importância de construir conhecimentos culturais (Tisdell, 1995), o desenvolvimento de competências interculturais não foi assinalado por nenhum dos inquiridos. Não é claro se estas competências não foram abordadas pelo professor ou se os participantes não se concentraram na cultura durante o curso. Neste sentido, é importante ter em mente que os adultos imigrantes aprendentes de ESOL que estão a passar por ajustamento cultural e social, adaptação e aculturação, serão capazes de lidar com os desafios culturais de forma mais eficaz se lhes forem ensinadas as competências necessárias.

Uma vez que as experiências de aprendizagem de línguas dos aprendentes adultos são geralmente muito diferentes das das crianças, é muito importante avaliar os seus conhecimentos prévios e estilos de aprendizagem, bem como pedir-lhes que avaliem a eficácia de várias abordagens à aprendizagem e ao ensino da ESOL. Foi pedido aos inquiridos que exprimissem a sua atitude relativamente à utilidade de diferentes abordagens de ensino de línguas, tal como ilustrado na Figura 5.

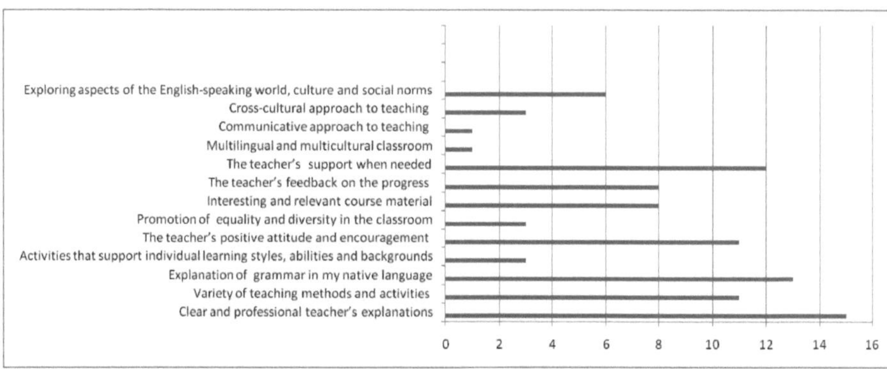

Figura 5. **Atitudes dos alunos relativamente à utilidade de diferentes abordagens de ensino das línguas**

Como demonstra a Figura 5, os participantes preferiram fortemente explicações claras e profissionais por parte do professor, de preferência na sua língua materna. Os estudantes adultos são muitas vezes vulneráveis e precisam de ser encorajados, porque o papel do aprendente é novo e pode ser stressante. Por conseguinte, um grande número de participantes mencionou o apoio, a atitude positiva e o encorajamento do professor como factores muito importantes que influenciam o sucesso da aprendizagem. Metade dos inquiridos salienta a importância do feedback do professor para o seu progresso, bem como a necessidade de material didático interessante e relevante. Além disso, menos de metade dos participantes referiu que a exploração de diferentes aspectos do mundo anglófono, da cultura e das normas sociais é útil para melhorar a sua competência em língua inglesa. Uma possível explicação para esta resposta poderá ser o facto de os estudantes não conhecerem estratégias inovadoras de aprendizagem de línguas centradas na compreensão e na criação de uma linguagem adequada ao contexto social, cultural e comunicativo. Estas metodologias deveriam ser integradas nas aulas de ESOL, onde os alunos precisam principalmente da língua para funcionar num ambiente novo e desconhecido.

De um modo geral, os resultados do inquérito revelaram que a abordagem dos participantes à aprendizagem de uma nova língua era muito tradicional, uma vez que muito poucos mencionaram uma abordagem intercultural ou comunicativa do ensino como útil para a aprendizagem de línguas.

A utilização das TIC para melhorar a aprendizagem dos alunos de ESOL

O rápido avanço das tecnologias da informação e da comunicação impulsionou a utilização de uma variedade crescente de formas digitais de ensino de línguas; por exemplo, a aprendizagem em linha, a aprendizagem eletrónica, a aprendizagem à distância, a aprendizagem mista, etc. O ensino de línguas integrado nas tecnologias da informação e da comunicação (TIC) cria possibilidades de aprendizagem para todos os membros da sociedade, sem restrições de tempo e de lugar. A transferência do processo de ensino e aprendizagem para um ambiente de aprendizagem virtual pode ser especialmente benéfica para os emigrantes que querem manter os laços com o seu país de origem, cuja competência em línguas estrangeiras é muito básica e que necessitam de um ensino da língua estrangeira efectuado na sua língua materna. Além disso, um sistema de aprendizagem virtual oferece oportunidades para os emigrantes que levam consigo os seus filhos, mas querem que estes aprendam a sua língua materna ou mantenham contacto com a sua identidade nacional e cultural.

Assim, a segunda parte do inquérito centrou-se numa análise das atitudes dos participantes relativamente à implementação das TIC no processo de ensino e aprendizagem da língua inglesa. Os dados foram obtidos a partir da segunda parte do questionário, bem como das entrevistas semiestruturadas.

O estudo também tem como objetivo investigar as oportunidades para os imigrantes britânicos da Lituânia melhorarem as suas competências em inglês no seu país natal e para os seus filhos que gostariam de estudar a língua materna dos pais, com a ajuda de um curso de aprendizagem em linha apresentado por uma importante universidade lituana. Os dados apresentados na Figura 6 revelam que mais de metade dos inquiridos (56%) preferiria a aprendizagem mista de línguas a outras formas de aprendizagem. É interessante notar que muitos dos estudantes (31%) deram prioridade à aprendizagem à distância, enquanto apenas 13% dos inquiridos afirmaram que a aprendizagem em sala de aula seria a mais adequada às suas necessidades.

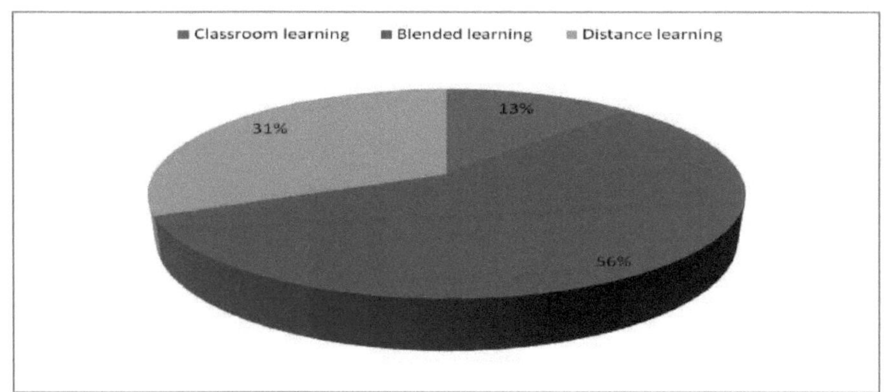

Figura 6. **Preferências de aprendizagem de línguas dos alunos**

O estudo das atitudes dos participantes revelou que, de um modo geral, consideraram eficaz a integração das TIC na aprendizagem de línguas, o que sugere que as TIC podem tornar-se uma solução rentável e que poupa tempo, melhorando a aprendizagem dos alunos de inglês tanto no Reino Unido como nos seus países de origem. O estudo também revelou que é muito difícil para alguns imigrantes com diferentes antecedentes linguísticos e culturais aprender inglês, especialmente para pessoas que trabalham em ambientes isolados ou que comunicam apenas com falantes não nativos de inglês. Neste sentido, a relutância dos falantes nativos em comunicar com os imigrantes pode estar intimamente relacionada com as barreiras psicológicas dos aprendentes para falar inglês, o que pode resultar numa baixa autoestima e na incapacidade de progredir em inglês. Por conseguinte, estes obstáculos à aprendizagem do inglês (especialmente se for ministrado de forma distante ou mista) devem ser considerados (ver Fig. 7):

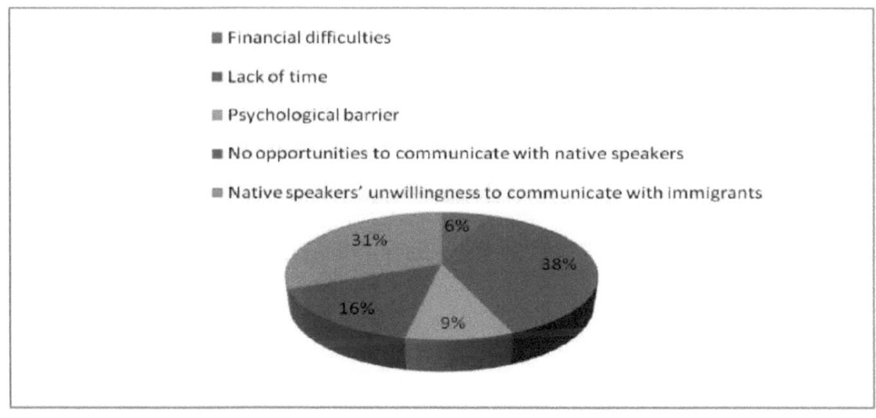

Figura 7. **Principais obstáculos ao aumento da competência dos alunos em inglês**

Deve ser dada atenção ao facto de que, para a maioria dos adultos imigrantes, é muito difícil desempenhar o papel de aprendente, porque têm outros papéis importantes a desempenhar: muitas vezes, a sua principal responsabilidade é para com as suas famílias, para criar um ambiente seguro para os seus filhos e para lidar com o stress emocional dos membros da família e o choque cultural num país estrangeiro. Como principais obstáculos à aprendizagem do inglês, os inquiridos mencionaram dificuldades financeiras; falta de tempo; barreiras psicológicas à aprendizagem de uma nova língua; ser demasiado velho para aprender línguas eficazmente; a ausência de oportunidades de comunicar com falantes nativos; e a falta de vontade dos falantes nativos em comunicar com os imigrantes. Tendo em conta estes factores, é importante ir ao encontro das necessidades educativas e psicológicas dos aprendentes virtuais com diferentes histórias de vida, estilos de aprendizagem e condições de aprendizagem.

Conclusões, recomendações e uma perspetiva de investigação futura

Os dados apresentados neste estudo são principalmente limitados pela pequena dimensão da amostra. Para obter resultados mais generalizáveis no que diz respeito às necessidades, experiências e atitudes dos adultos imigrantes aprendentes de línguas, o tamanho da amostra poderia ser alargado, incluindo mais aprendentes de línguas de diferentes nacionalidades e origens culturais. Além disso, o número de participantes poderia ser distribuído de forma mais homogénea por género, nível de educação, tempo de emigração e outras variáveis. A inclusão de vários grupos de cursos de ESOL poderia também diversificar as etnias, as idades e as origens sociais e culturais representadas. Por conseguinte, o presente estudo pode ser considerado principalmente em termos das suas ideias para o desenvolvimento de outros estudos empíricos.

No entanto, com base nos resultados do presente caso, pode concluir-se que os factores mais importantes que influenciam a melhoria da competência em inglês dos participantes são o seu bem-estar psicológico e a sua convicção no progresso dos seus estudos de inglês. A exposição a situações de comunicação da vida real, o ensino de estratégias inovadoras de aprendizagem de línguas, a abordagem dos estilos de aprendizagem individuais e a ajuda aos alunos para desenvolverem competências sociais, interculturais, cognitivas, de resolução de problemas e de gestão do tempo podem influenciar fortemente o êxito da sua integração social, linguística e cultural num novo país. Tendo em conta que a maioria dos inquiridos mencionou a sua baixa autoestima num novo país e um papel pouco habitual/desconfortável de aprendente numa idade mais avançada, deve ser dada especial atenção a ajudar esses estudantes a melhorar a sua auto-confiança e a criar condições de aprendizagem flexíveis.

Como forma de responder a estas necessidades únicas, o investigador propõe a seguinte oportunidade para os emigrantes lituanos e/ou os seus filhos melhorarem as suas competências em inglês ou lituano com a ajuda da aprendizagem em linha.

Com a rápida popularidade do ensino/aprendizagem à distância na Lituânia, as suas universidades estão agora a oferecer uma série de possibilidades de estudo em linha. A qualidade do ensino/aprendizagem à distância tem sido amplamente investigada por académicos lituanos (por exemplo, Lauzackas, 2001; Targamadz & Cibulskis, 2006; Volungeviciene & Tereseviciene, 2008; Zuzeviciute, & Butrime, 2010). A aplicação das TIC ao ensino da língua inglesa também foi investigada pelos académicos do Instituto de Línguas Estrangeiras de uma grande universidade lituana (por exemplo, Macianskiene & Dauksiene, 2008; Pundziuviené, 2012; Pundziuviené, Bijeikiené, & Linkeviciüté, 2009; Pundziuviené, Bijeikiené, & Zutkiene, 2012). Esta instituição oferece oportunidades de aprendizagem de mais de 30 línguas modernas e clássicas aos seus estudantes, bem como a outros estudantes universitários e não universitários, a membros da comunidade universitária cm geral e ao público em geral. A crescente integração do ensino à distância na aprendizagem/ensino de línguas influenciou o aparecimento de um modo misto de ensino de línguas que ajudou a garantir uma organização mais flexível das actividades de ensino e aprendizagem de línguas.

Esta acessibilidade à aprendizagem de línguas proporciona condições para a cooperação e a comunicação com os emigrantes lituanos de todo o mundo. O autor do presente documento considera que devem ser analisadas as perspectivas futuras com especial incidência na acessibilidade dos cursos de língua e cultura para os emigrantes lituanos. No que diz respeito às necessidades dos participantes no presente estudo de um professor que possa ensinar na língua materna dos alunos e compreender os antecedentes educativos e culturais dos alunos lituanos de inglês, o ensino à distância pode não só ajudar esses alunos a aumentar a sua competência em inglês de uma forma menos stressante, como também pode ajudá-los a manter uma ligação com o seu país de origem. Tendo em conta que os filhos de imigrantes correm frequentemente o risco de perder a sua identidade nacional muito rapidamente, uma vez que são forçados a assimilar uma nova cultura, os cursos de língua e cultura lituanas podem ajudar os filhos de emigrantes lituanos a ligarem-se à sua língua, história, cultura, folclore, cozinha e costumes nacionais.

Os investigadores esperam que as ideias apresentadas neste artigo incentivem mais investigação científica que resulte numa posterior cooperação com instituições de ensino da língua inglesa ou escolas de língua lituana no Reino Unido e na Lituânia, bem como na criação de cursos de língua e cultura à distância para os emigrantes lituanos e os seus filhos.

Referências

Ambrose, S. A., Bridges, M. W., DiPietro, M., & Lovett, M. C. (2010). *Como funciona a aprendizagem: Sete princípios baseados em pesquisas para um ensino inteligente.* São Francisco, CA: Jossey Bass.

Appleyard, N., & Appleyard, K. (2010). *Communicating with learners in the lifelong learning sector* (5ª ed.). Exeter, Reino Unido: Learning Matters.

Biggs, J., & Tang, C. (2011). *Teaching for quality learning at university* (4th ed.) Berkshire, UK: Open University Press.

Bijeikiene, V., Pundziuviene, D., & L. Zutkiene. (2012). IKT panaudojimas integruojant kalbos ir dalyko mokyma. *Darnioji daugiakalbyste.* Kaunas: VDU.

Bijeikiene, V., LinkeviCiute, E., & Pundziuviene, D. (2009). As TIC na aprendizagem e no ensino de línguas estrangeiras: atitudes e práticas. In *Língua e cultura: Novos desafios para os professores da Europa = Kalba ir kultura: nauji issukiai Europos mokytojui* (pp. 252-262). Vilnius: Vilniaus universiteto leidykla.

Blanche, P., & Merino, B. J. (1989). Autoavaliação das competências em língua estrangeira: Implications for teachers and researchers. *Language Learning, 39*(3), 313-338.

Gravells, A. (2012). *Preparar para ensinar no sector da aprendizagem ao longo da vida* (5.ª ed.). Londres: Learning Matters.

Laurel, D. (2010, 8 de abril). Como envolver os alunos adultos - Seis passos para o sucesso da aprendizagem de adultos. Em Ezine Articles. Retrieved from http://ezinearticles.com/7How-to-Engage- Adult-Learners---Six-Steps-to-Adult-Learning-Success&id=4133709

Lauzackas, R. (2001). *Designing teaching curriculum.* Kaunas, Lituânia: Vytautas Magnus University Press.

Macianskiene, N., & Dauksiene, E. (2008). Impacto da utilização das TIC na abordagem dos estudantes universitários à aprendizagem de uma língua estrangeira. In F. Malpica, A. Tremante, F. Welsh & B. Tait (Eds.), *Proceedings of the 2nd international multi-conference on society, cybernetics and informatics* (Vol. 1) (pp. 144-149). Orlando, FL,

Peterson, J. M. (2002). Toward whole schools: Construir um movimento para a criatividade e a aprendizagem em colaboração no século XXI. Em J. S. Thousand (Ed.), *Creativity and collaborative learning: The practical guide to empowering students, teachers, and families.* Baltimore: Paul H. Brookes.

Prince, M. (2004). A aprendizagem ativa funciona? A review of the research. *Journal of Engineering Education, 93(3),* 223-231.

Pundziuviene, D., Bijeikiene, V., & Linkeviciute, E. (2009). As TIC na aprendizagem e no ensino de línguas estrangeiras: atitudes e práticas. In *Language and Culture: Novos Desafios para os Professores da Europa, 18,* 122-127.

Pundziuviene, D. (2012). Misrusis bendrosios aiiglii kalbos mokymas/is: studentii poziurio analize. In *Santalka: Filologija, Edukologija, 20(1),* 75-84.

Targamadz A., & Cibulskis G. (2006). Desenvolvimento de serviços modernos de e-learning para a rede lituana de ensino à distância LieDM. Trabalho apresentado em *Informatics Education - The Bridge between Using and Understanding Computers,* Vilnius, Lituânia.

Tisdell, E. (1995). *Criar ambientes inclusivos de aprendizagem de adultos: Insights from multicultural education and feminist pedagogy.* Série de Informação nº 361. Columbus: ERIC Clearinghouse on Adult, Career, and Vocational Education, Center on Education and Training for Employment, The Ohio State University.

Volungeviciene, A., & Tereseviciene, M. (2008). Quality assessment dimensions of distance teaching/learning curriculum designing. *A Qualidade do Ensino Superior, 5,* 32-53.

Youngs, G., Ohsako, T., & Medel-Anonuevo, C. (Eds.). (2001). *Estratégias criativas e inclusivas para a aprendizagem ao longo da vida.* Hamburgo: Instituto de Educação da UNESCO.

Zuzeviciute, V., Butrime, E. (2010). O e-learning como um sistema sociocultural. Em B. Ertl (Ed.), *Tecnologias e práticas para a construção do conhecimento em ambientes online: Avanços na aprendizagem.* Hershey, PA: IGI Global.

CAPÍTULO 2

Eventos da comunidade lituana de Boston: 2012-2017

Desde 2004, Boston tornou-se o lar de muitos lituanos. Cerca de 4000 lituanos residem em Boston. Alguns deles não tiveram grandes dificuldades em integrar-se na sociedade britânica, encontrar emprego, realizar outras actividades produtivas e integrar-se na vida local. Os lituanos de Boston têm organizado vários eventos desde 2012. A festa de Natal, o evento do Dia das Panquecas, a celebração do Dia Internacional da Criança, o ovo da Páscoa e os concursos de arte infantil tornaram-se eventos anuais que envolvem não só os lituanos, mas também outras comunidades.

Mais de 600 habitantes locais celebraram o Boston Big Local Pancake Day no dia 13^h de fevereiro de 2016. O evento incluiu uma atuação do grupo folclórico lituano Saduto, um workshop de fabrico de máscaras, pintura facial, festa das panquecas, trajes coloridos, jogos, canções e danças. No dia 1st de junho, a comunidade celebra o Dia Internacional da Criança em Boston, que inclui actividades ao ar livre e entretenimento com actores profissionais. No final de outubro, 100 aventureiros da comunidade fizeram uma viagem ao Castelo de Warwick para admirar paisagens magníficas e explorar a história inglesa.

Os voluntários da comunidade trabalham em diferentes projectos e tentam ajudar as pessoas a integrarem-se mais facilmente na vida local. Dez voluntários da comunidade receberam várias acções de formação: Saúde e Segurança, Igualdade e Diversidade e Proteção e completaram um curso de cartão de voluntário na LCVS. Ser voluntário significa conhecer novas pessoas, enfrentar novos desafios, ajudar as pessoas e receber delas uma recompensa emocional" - afirma a presidente da comunidade lituana de Boston, Jurate Matulioniene. Além disso, o dinamismo e a inovação da organização ganharam muita publicidade nos jornais locais e mundiais e foram recebidos com uma visita amigável do Presidente da Câmara de Boston.

Os jornais locais, como o *Boston Target,* reconheceram que "os esforços para ajudar os membros da comunidade lituana a integrarem-se com os outros em Boston estão a fazer progressos". Além disso, os membros da comunidade lituana de Boston foram entrevistados pela *Euro, BBC News, Arte TV* e outros repórteres que descreveram a organização como a comunidade mais inspiradora e dedicada que poderia ser um modelo para os outros. Esperamos que, no futuro, seja ainda mais ativa, faça coisas importantes e tenha uma boa resposta da população local.

Visita do Presidente da Câmara de Boston aos clubes e cursos da comunidade lituana em Fydell House

Dia das Panquecas, fevereiro de 2016

Oficina de confeção de máscaras no Pancakes Day, fevereiro de 2016

Evento da Terça-feira Gorda, 2015

Dia das Panquecas, fevereiro de 2013

A comunidade lituana de Boston organiza todos os anos eventos de Natal para as crianças e as suas famílias em Boston. Mais de 500 pessoas participam habitualmente nos eventos de Natal todos os anos, que incluem a visita do Pai Natal e o entretenimento de actores profissionais, personagens infantis como o Rato Mickey, a Alice no país das maravilhas e fadas. Além disso, as crianças recebem presentes dos nossos patrocinadores e um grande bolo da pastelaria Diva's Cake. Cada evento é único e colorido. Os professores e alunos dos suplementos lituanos de Boston, o clube *You Dance* e o grupo musical *Do Re Mi* reúnem-se antes dos eventos de Natal. É uma tradição preparar uma atuação que seja muito divertida para os pais e uma grande responsabilidade e experiência para as próprias crianças. Organizámos o nosso primeiro evento de Natal em 2012. Foi um grande sucesso. Ajudou as comunidades a juntarem-se para um espírito natalício especial. Desde então, tornou-se uma tradição organizar eventos de Natal todos os anos.

O presidente da comunidade lituana de Boston, Jurate Matulioniene, afirma: "Normalmente, demoramos cerca de dois ou três meses a organizar. Mas vale a pena fazê-lo, porque os sorrisos de agradecimento sincero dos pais são a melhor recompensa".

Os eventos foram patrocinados pelas lojas Lithuanian Baltic Food and Grocery, Diva's Cakes, OK Plus e Lithuanian Community.

Evento de Natal no Gliderdrome, dezembro de 2015

Evento de Natal no Gliderdrome, dezembro de 2013

Evento de Natal na Burton Family House, dezembro de 2012

CAPÍTULO 3

Escola complementar lituana de Boston e clubes pós-escolares para crianças

A escola Boston Lithuanian Supplementary tem vários cursos para crianças e adultos em Fydell House. Os cursos incluem aulas de ESOL para adultos, aulas de sensibilização para a língua lituana e também clubes de dança, artes e música para crianças. O que é especial na nossa comunidade é a educação. Muitos pais gostariam que os seus filhos participassem no maior número possível de actividades fora da escola. Em 2012-2016, um grupo de professores-voluntários organizou diferentes clubes pós-escolares para as crianças. A nossa escola complementar lituana tem por objetivo ajudar as crianças e os jovens a preservar a sua língua materna, desenvolvendo simultaneamente os seus conhecimentos de inglês e tornando-se residentes activos na cidade.

Os nossos clubes de dança e artes estão abertos a todas as crianças e jovens de qualquer nacionalidade e encorajamos ativamente a participação de um leque tão diversificado quanto possível de pessoas. Este grupo dá aos jovens de diferentes origens a oportunidade de se juntarem num ambiente descontraído e social e de aprenderem juntos novas competências. Ao trabalharem em conjunto em projectos linguísticos, de dança e artísticos, as crianças aprendem a atingir um objetivo comum, o que cria uma melhor integração.

Evento de abertura do ano letivo suplementar lituano de Boston

Professores do Boston Lithuanian Supplementary School

Escola Complementar Lituana de Boston com a professora Vilma Ropeikiene

Aulas e concursos do clube *You Dance* com a professora de dança Jurgita Ziaunyte

Grupo musical *Do Re Mi* e professor profissional de música Danguole Bugviliene

Grupo musical *Do Re Mi* e professor profissional de música Danguole Bugviliene

Evento do Dia Internacional da Criança

Desde 2012, tornou-se uma tradição organizar o evento do Dia Internacional da Criança em Boston. Queremos mostrar como as crianças são importantes para nós. Convidamos actores profissionais, animadores e as próprias crianças para interpretar canções e danças. Os professores organizam jogos e actividades diferentes nesse dia. É muito divertido para as crianças e os seus pais. O evento reúne 300-500 pessoas todos os anos.

Evento do Dia Internacional da Criança na Escola Secundária em 2013

Evento do Dia Internacional da Criança na Escola Secundária em 2015

Viagem da Comunidade ao Castelo de Warwick em 25 de outubro de 2013

Somos bons em desporto

O basquetebol é muito popular entre os lituanos. Chamamos-lhe a nossa "segunda religião".
A equipa masculina de basquetebol do Boston Lithuanian Kings participa em diferentes jogos
e competições e ganhou muitos jogos nos quartos de final da Liga de Basquetebol de East
Midlands.

Equipa de basquetebol lituana de Boston Kings

CAPÍTULO 4

Cursos de ESOL e sessões de sensibilização em lituano para adultos

O objetivo dos cursos ESOL para adultos é ajudar as pessoas a integrarem-se mais facilmente na vida local, a sentirem-se mais confortáveis e a evitarem barreiras sociais, que por vezes surgem devido à falta de conhecimentos da língua inglesa. Todas as nacionalidades são bem-vindas às aulas de inglês como segunda língua. As aulas de ESOL são dadas na Fydell House, em Boston, por um professor profissional com 12 anos de experiência de ensino na Vytautas Magnus University, LT e que, desde 2012, tem vindo a dar cursos de ESOL em Boston, no Reino Unido. Nos cursos de ESOL em Boston, os alunos podem melhorar a gramática, a leitura, a fala, a escrita e a audição em inglês.

"Os meus cursos de ESOL são muito úteis para os alunos principiantes e de nível elementar, que preferem receber explicações na sua língua materna. Estes são maioritariamente lituanos. Além disso, fico contente por ter alunos mais avançados: Lituanos, russos e letões que estão interessados em melhorar os seus conhecimentos de inglês. Alguns deles frequentam os cursos do Boston College com um falante nativo e vêm simultaneamente aos meus cursos" - diz Jurate Matulioniene.

Em 2012-2013, foram ministradas não só aulas de inglês para falantes não nativos, mas também sessões de sensibilização sobre o lituano para ingleses (assistentes sociais, NHS, empregadores e população local). Estas sessões ajudaram a desenvolver a compreensão e o conhecimento básicos da cultura e das tradições lituanas.

Cursos ESOL e sessões de sensibilização LT para inglês com a professora profissional
Jurate Matulioniene

CAPÍTULO 5

A comunidade lituana de Boston organizou numerosos eventos para continuar a tentar melhorar a integração na cidade:

10 de setembro[th] , 2012. Abertura da Escola Complementar Lituana de Boston. O evento foi organizado pelas professoras Jurate Matulioniene e Vilma Ropeikiene. As aulas foram dadas por Vilma Ropeikiene. Cerca de 40 alunos frequentaram a nossa escola complementar em 2012-2014. Local do evento: Fydell House.

16 de setembro[th] , 2012. Os cursos de ESOL para adultos foram organizados e ministrados pela professora Jurate Matulioniene. Cerca de 100 alunos frequentaram os cursos de ESOL em 2012-2013. Local: Fydell House.

16 de dezembro[th] , 2012. O evento de Natal da comunidade lituana de Boston foi organizado por Jurate Matulioniene, Vilma Ropeikiene e Laima Urbonaviciene. O evento foi aberto a todas as comunidades locais que puderam assistir a actuações, danças e canções de crianças lituanas. O evento foi patrocinado pela *Baltic Food and Grocery "From"*. Participaram neste evento cerca de 240 lituanos, os nossos amigos ingleses e letões. Local do evento: Burton Family Pub.

janeiro-março de 2013. As sessões de culinária foram organizadas por uma pasteleira, Diva Razguniene. 8 crianças participaram nas sessões de culinária. Local: Fydell House.

1 de junho[st] 2013. O evento do Dia Internacional da Criança teve lugar na Boston High School, organizado por Jurate Matulioniene. Cerca de 130 lituanos e os nossos amigos ingleses e letões participaram no evento.

19 de maio[th] , 2013. As sessões de sensibilização em lituano para inglês foram dadas por Jurate Matulioniene: Grupo Longhurst em Boston.

16 de abril[th] , 2013. O espetáculo de estúdio "You Dance" foi organizado pela professora de dança Jurgita Ziaunyte e Jurate Matulioniene na Fydell House. Os melhores dançarinos foram premiados.

10 de abril[th] -12th , 2013. Sessões ESOL gratuitas: "No banco", "Nos médicos", "Na Receita" e "Preenchendo o formulário" foram organizadas e ministradas por Jurate Matulioniene. Participaram nas sessões 35 estudantes. Local: Fydell House.

16 de fevereiro[th] , 2013. O evento de **comemoração do Dia da Independência da Lituânia** foi organizado pelas professoras Jurgita Ziaunyte e Jurate Matulioniene. Cerca de 50 pessoas participaram no evento.

29 de março - 2 de abril[nd] , 2013. O concurso de ovos de Páscoa decorados foi organizado por Tomas Matulionis. Os vencedores foram premiados com presentes, patrocinados pela *Baltic Food and Grocery.* Cerca de 400 pessoas **votaram** nos concorrentes. Local do evento: Baltic Food and Grocery.

2 de abril[nd] , 2013. A exposição de arte da Páscoa para crianças foi organizada por Jurate Matulioniene e Vilma Ropeikiene. O melhor pintor foi premiado com um grande bolo oferecido pela pasteleira Diva Razguniene. Todos os jovens artistas receberam prémios. 32 crianças participaram no concurso. Cerca de 200 pessoas participaram na votação. Local do evento: Fydell House e Facebook.

6 de julho[th] 2013. O evento de fim do ano letivo suplementar foi organizado por Jurate Matulioniene e Vilma Ropeikiene. Todas as crianças foram premiadas com presentes e certificados. Participaram no evento 60 pessoas. Local do evento: Fydell House.

16 de setembro[th] , 2013. Novo ano letivo do supletivo lituano de Boston

O evento de abertura foi organizado por Jurate Matulioniene e Vilma Ropeikiene. Participaram no evento 80 pessoas. Local do evento: Fydell House.

17 de setembro[th] , 2013. Os cursos de ESOL foram organizados e ministrados por Jurate Matulioniene. 38 alunos frequentaram as aulas de ESOL. Local: Fydell House.

25 de outubro[th] , 2013. A viagem da comunidade lituana de Boston ao Castelo de Warwick foi organizada por Jurate Matulioniene e Laima Urbonaviciene. 100 pessoas participaram na viagem. Local: Castelo de Warwick.

4 de dezembro[th] e 11th , 2013. As sessões de Artes de Natal foram organizadas por Vilma Anskaitiene e Virga Simanaviciene. Local: Fydell House.

22 de dezembro[nd] , 2013. O evento de Natal da Comunidade Lituana de Boston no Gliderdrome foi organizado por Jurate Matulioniene, Laima Urbonaviciene e Vilma Ropeikiene. Os patrocinadores foram a *Baltic Food and Grocery* (Rolandas Bickus), a *Diva 's Cakes* (Daiva Razguniene) e a *Cash and Clothes* (Almantas Zalys). Participaram no evento cerca de 400 pessoas. Local do evento: Gliderdrome.

3 de marçord , 2014. A Terça-feira de Entrudo foi organizada por Jurate Matulioniene, Vilma, Ropeikiene e Jurgita Ziaunyte. Participaram no evento 30 pessoas. Local: Gliderdrome.

26 de marçoth , 2014. Visita do Presidente da Câmara de Boston, Pall Kenny. A receção amigável e a atuação do clube de dança foram organizadas por Jurate Matulioniene, Jurga Ziaunyte e Vilma Ropeikiene. Participaram no evento 50 pessoas.

abril de 2014. O Easter Together realizou-se em Fenside, organizado pelas comunidades de Boston, da Letónia e de Inglaterra. Cerca de 200 pessoas participaram no evento.

1 de junhost 2014. O evento do Dia Internacional da Criança teve lugar no Boston Football Club, organizado por Jurate Matulioniene. Cerca de 200 lituanos e os nossos amigos ingleses e letões participaram no evento.

10 de julhoth , 2014. O evento de fim do ano letivo suplementar foi organizado por Jurate Matulioniene e Vilma Ropeikiene. Todas as crianças foram premiadas com presentes e certificados. 100 pessoas participaram no evento. Local do evento: Fydell House.

7 de setembroth , 2014. O evento de abertura do novo ano letivo suplementar da Boston Lithuanian foi organizado por Jurate Matulioniene e Vilma Ropeikiene. Participaram no evento 80 pessoas. Local: Fydell House.

7 de setembroth , 2014. Abertura da Escola Complementar Lituana de Boston. O evento foi organizado pelas professoras Jurate Matulioniene e Vilma Ropeikiene. Participaram no evento 54 crianças da escola e as suas famílias.

15 de setembroth , 2014. Os cursos de ESOL foram organizados e ministrados por Jurate Matulioniene. 56 alunos participaram nas aulas de ESOL. Local: Fydell House.

setembro - outubro de 2014. As sessões de língua lituana para inglês foram dadas por Jurate Matulioniene. Local: Grupo Longhurst em Boston.

16 de dezembro^{th,} 2014. O evento de celebração do Natal foi organizado por Jurate Matulioniene e pela comunidade lituana de Boston. Cerca de 400 pessoas participaram no evento. Local: Gliderdrome.

9 de fevereiro de 2015. A Terça-feira de Srovetide foi organizada por Vilma Ropeikiene, Salomeja Milkuniene, Jurgita Ziaunyte. Participaram no evento 30 pessoas. Local: Gliderdrome.

16 de fevereiro[th] **, 2015. O** evento de **comemoração do Dia da Independência da Lituânia** foi organizado pelas professoras Vilma Ropeikiene, Danguole Bugviliene e Jurate Matulioniene. Participaram no evento cerca de 100 pessoas.

março-junho de 2015. As sessões de arte foram organizadas por Salomeja Milkuniene e Snieguole Milkunaite. Local: Fydell House.

setembro de 2014 - junho de 2015. As sessões jurídicas gratuitas foram organizadas por Sills and Betteridge Solicitors e Jurate Matulioniene. Local: Fydell House.

6 de junho[th] **, 2015. O evento do Dia Internacional da Criança** foi organizado por Jurate Matulioniene. Cerca de 500 lituanos e outras comunidades locais participaram no evento. Foram apresentadas actuações de teatro profissional, pinturas faciais, balões, dança, jogos e presentes para as crianças locais. Local do evento: Gliderdrome.

22 de julho de 2015. O evento de fim do ano letivo complementar foi organizado por Jurate Matulioniene e Vilma Ropeikiene. Todas as crianças da escola foram premiadas com presentes e certificados. Participaram no evento cerca de 100 pessoas. Local do evento: Fydell House.

março de 2015. O concurso de ovos de Páscoa decorados foi organizado por Daiva Razguniene e Jurate Matulioniene. Os vencedores foram premiados com presentes, patrocinados pela *Boston Lithuanian Supplementary School.* Cerca de 500 pessoas votaram nos concorrentes. Local do evento: Diva's Cakes.

março-setembro, 2015 Projeto Magna Carta 800. 12 lituanos e 4 letões gravaram as peças. Local: Fydell House. O grupo da Magna Carta em Boston foi gerido por Jurate Matulioniene. 7 de setembro[th] 2015 Celebração da Magna Carta em Lincoln.

O grupo lituano-latino apresentou o seu projeto na Magna Carta **7 de setembro**[th] **, 2015. Evento de celebração em Lincoln.** O embaixador da Lituânia e o presidente da comunidade lituana de Boston fizeram um discurso no evento.

14 de setembro[th] **, 2015. Abertura da Escola Complementar Lituana de Boston.** O evento foi organizado pelas professoras Jurate Matulioniene e Vilma Ropeikiene. Participaram no evento 60 crianças da escola e respetivas famílias.

13 de dezembro[th] **2015. O evento de Celebração de Natal** foi organizado pela Boston Lithuanian Supplementary School. Cerca de 500 pessoas participaram no evento. Local do evento: Gliderdrome.

13 de fevereiro[th] **, 2016 Pancakes Day Event Together** foi organizado pela Boston Lithuanian Community e financiado pelo Boston Big Local Fund. Incluiu uma atuação do grupo folclórico Saduto de Londres, um workshop de fabrico de máscaras organizado por Salomeja Milkuniene e Snieguole Milkunaite, pintura facial, balões e panquecas da Diva's Cakes Shop.

16 de fevereiro[th] **, 2016. O** evento de **comemoração do Dia da Independência da Lituânia** foi organizado pela professora de música Danguole Bugviliene e pelo seu grupo musical Do Re Mi. Cerca de 40 pessoas participaram no evento.

6 de março[th] **, 2016. Viagem a Kaziuko Muge, feira de artes e ofícios lituanos em Leeds,** 30 aventureiros da comunidade lituana de Boston fizeram uma viagem. A viagem foi organizada por Jurate Matulioniene. 15 de junho[th] , 2016. **Viagem de fim de ano da Boston Lithuanian Supplementary School a Norfolk.** Cerca de 100 pessoas participaram no evento.

28 de julho[th] **, 2016. Evento de final de ano da Boston English Academy.** Cerca de 50 alunos participaram no evento. O evento foi organizado por Jurate Matulioniene.

10 de setembro[th] **, 2017. Evento de Volta às Aulas.** Cerca de 120 pessoas participaram no evento. Organizado pela Boston Lithuanian Supplementary School.

13 de dezembro[th] **, 2017. Evento de Natal da Comunidade Lituana de Boston.** O evento incluiu a atuação da Boston Lithuanian Supplementary School, grupos de música e dança lituanos e actores profissionais da Lituânia. Cerca de 500 pessoas participaram no evento. Organizado pela Boston Lithuanian Community. Local do evento: Gliderdrome, Boston.

8 de fevereiro[th] **, 2017. Dia das Panquecas.** Trajes e actuações tradicionais do entrudo. Partilha das tradições lituanas em matéria de panquecas com a população local. Cerca de 150 pessoas participaram no evento. Organizado pela Boston Lithuanian Supplementary School. Local do evento: Fydell House.

abril de 2017. Concurso de Decoração de Ovos de Páscoa. Cerca de 300 pessoas participaram no evento. Local do evento: Boston Lithuanian Supplementary School e Baltic Food Shop Boston.

10 de junho[th] **, 2017. Evento de fim de ano da Escola Boston LT. Quatro passeios de**

barco no Boston Belle. Cerca de 160 pessoas participaram no evento. Organizado pela Boston Lithuanian Supplementary School.

29 de julho[th] , 2017. Viagem da comunidade ao sítio do património. Oficina de fabrico de lanternas. Cerca de 50 pessoas participaram na viagem. O evento foi organizado pela Cultural Solutions UK e pela Boston Lithuanian Community. Local: Castelo de Doddington.

1 de setembro[st] 2017. Evento de início do ano letivo de 2017. Danças e cantares tradicionais. Animadores infantis. Cerca de 150 pessoas participaram no evento.

Boston Lithuanian Community Volunteers (Voluntários da Comunidade Lituana de Boston):

Vilma Ropeikiene (professora do ensino secundário / voluntária da comunidade)

Jurate Matulioniene (professora de ESOL e do curso de sensibilização para o lituano / presidente da comunidade)

Deividas Buivydas (fotógrafo comunitário)

Egle Matulionyte (voluntária da comunidade)

Laima Urbonaviciene (voluntária da comunidade)

Dale Kilkute (voluntário da comunidade)

Jurgita Ziaunyte (professora de dança / voluntária da comunidade)

Robertas Lastauskas (voluntário da comunidade)

CAPÍTULO 6

Qualificações, formação e experiência dos nossos professores e voluntários

JurateMatulioniene- Professora de inglês - Mestrado em inglês e filologia obtido na Universidade de Vilnius em 1994

QTS (Qualified Teacher Status) aprovado pelo Conselho Geral de Ensino em Inglaterra em 2011

PTLLS Boston College e Cambridge TEFL em 2012

12 anos de experiência de ensino na Universidade Vytautas Magnus em LT. 1994-2011

7 anos de experiência de ensino em cursos ESOL na Boston English Academy em Boston, Reino Unido, desde 2011

6 anos de experiência de gestão da Escola Complementar Lituana e da Escola Complementar Lituana

Comunidade em Boston, Reino Unido, desde 2012

Formação do Cartão de Voluntário da LCVS em 2013

Formação em Salvaguarda da LCVS em 2013 e 2017

Formação em primeiros socorros em 2014 e 2017

CYOP5 atribuído pelo CACHE Lincoln em 2014

Desde 2012, é presidente-voluntária da comunidade lituana de Boston (DBS)

Vilma Ropeikiene - professora do ensino primário - Mestrado em Educação e Estética do Ensino Primário e QTS obtido na Universidade de Siauliai, LT

CYOP5 atribuído pelo CACHE Lincoln em 2014

8 anos de experiência de ensino em escolas primárias na LT

6 anos de experiência de ensino numa escola complementar em Boston, Reino Unido

Desde setembro de 2013, assistente de ensino - voluntário na Boston Pioneers' Free School Academy

Formação do Cartão de Voluntário da LCVS em 2013

Formação em primeiros socorros em 2014 e 2017

Desde 2012, voluntária da comunidade lituana de Boston (DBS)

Jurgita Ziaunyte-professora de dança- Mestrado em Física e Ciências do Ambiente obtido na Universidade de Vilnius, LT

CYOP5 atribuído pelo CACHE Lincoln em 2014

12 anos de experiência de dança e 2 anos de experiência de ensino no clube *You Dance* em Boston, Reino Unido

Formação do Cartão de Voluntário da LCVS em 2013

Formação em primeiros socorros em 2014 e 2017

Desde 2012, é voluntária da comunidade lituana de Boston (DBS)

Laima Urbonaviciene- Designer-construtora- Licenciada em Design de Vestuário e Modelação adquirida na Universidade LT Vilnius

5 anos como diretor-adjunto na GD Creation Company em LT

Formação do Cartão de Voluntário da LCVS em 2013

Desde 2012, é voluntária da comunidade lituana de Boston (DBS)

Dale Kilkute - Escola de Turismo e Comércio em Vilnius, LT

CYOP5 atribuído pelo CACHE Lincoln em 2014

Formação do Cartão de Voluntário da LCVS em 2013

Formação em primeiros socorros em 2014

Desde 2012, é voluntária da comunidade lituana de Boston (DBS)

Lina Nartkuviene - Escola Superior de Medicina de Kaunas, LT

Formação do Cartão de Voluntário da LCVS em 2013

Formação em primeiros socorros em 2014

Desde 2012, é voluntária da comunidade lituana de Boston (DBS)

Deividas Buivydas- Estudante na Universidade de Artes de Londres

Formação do Cartão de Voluntário da LCVS em 2013

Formação em primeiros socorros em 2014

Desde 2012, fotógrafo voluntário da comunidade lituana de Boston (DBS)

Egle Matulionyte - estudante na Universidade de Direito de Westminster, em Londres

CYOP5 atribuído pelo CACHE Lincoln em 2014

Formação do Cartão de Voluntário da LCVS em 2013

Formação em primeiros socorros em 2014

Desde 2012, é voluntária da comunidade lituana de Boston (DBS)

Os nossos contactos:

Correio eletrónico: ukjuma@yahoo.com

Perfil da comunidade lituana de Boston no Facebook:

https://www.facebook.com/bostono.bendruomeneanglijoje

Perfil da Boston Lithuanian Supplementary School no Facebook:

https://www.facebook.com/lietuviumokykla.bostoneanglijoje

Cursos de inglês em Boston: http://www.englishlessons.lt

Seja ativo e feliz connosco

CAPÍTULO 7

Perspectivas de futuro: a necessidade de um sentimento de pertença

A Inglaterra tem uma longa tradição de pessoas que vêm para o Reino Unido e se tornam parte da sociedade da região. O número da população de Boston está agora a mudar e, embora esta mudança seja muitas vezes extremamente benéfica para a economia da cidade, temos de reconhecer que muitas pessoas consideram tais mudanças ameaçadoras. A comunidade lituana de Boston está a esforçar-se por se tornar parte da comunidade da cidade de Boston, o que proporcionaria uma oportunidade para criar e manter UMA comunidade na qual pessoas de todos os tipos podem viver juntas em segurança, felizes e com um sentimento de pertença.

É importante que reconheçamos as muitas e mutáveis formas que as "comunidades" podem assumir. Agora, mais do que nunca, há uma grande necessidade de apoiar iniciativas e projectos que aproximem as comunidades locais e as recém-chegadas. A Inglaterra está constantemente a crescer, a mudar e a evoluir. Com o crescimento económico e populacional nas nossas cidades e vilas, as artes e a cultura, a aprendizagem de línguas, as escolas complementares funcionam como um centro que cria coesão comunitária e torna mais crianças, jovens e adultos activos e mais felizes. Temos de nos concentrar nos pontos em que os diferentes interesses e identidades se ligam ou sobrepõem para criar um sentido mais amplo do que é partilhado por toda a comunidade.

Temos de analisar não só as relações entre os diferentes grupos de residentes existentes, mas também as relações entre os residentes existentes e os novos residentes que chegam à nossa comunidade. Deve haver um forte reconhecimento da contribuição tanto dos recém-chegados como dos que já têm laços profundos com um determinado lugar, com destaque para o que têm em comum.

Além disso, deve ser dada ênfase ao sentido individual dos seus direitos e responsabilidades e à sua contribuição para a comunidade, ao seu sentido de confiança nas instituições locais e ao respeito mútuo. Precisamos de trabalhar em estreita colaboração com as comunidades e outras agências na cidade para criar clareza sobre as responsabilidades dos indivíduos e das instituições. Estas ligações com outras autoridades locais da região são importantes por várias razões: muitas das questões atravessam fronteiras; podemos aprender com a experiência dos outros; podemos ajudar os outros partilhando exemplos de projectos e abordagens que funcionaram para nós; e, por vezes, podemos trazer recursos para Boston para trabalhar nas nossas questões. Devemos garantir que nenhum grupo seja excluído dos benefícios potenciais da mudança e que as mudanças mais desafiadoras não prejudiquem alguns grupos mais do que outros ou causem tensão entre grupos.

A Comunidade Lituana de Boston, como parte de outras comunidades locais, está empenhada em fazer de Boston um lugar mais justo para viver, onde a Câmara Municipal, a saúde e outros serviços, bem como oportunidades, tais como empregos e actividades de lazer, estejam abertos a todos. Para atingir os nossos objectivos, estamos a planear uma grande variedade de actividades futuras que possam oferecer um sentimento de pertença a todos em Boston:

- Aulas de ESOL para adultos;

- Sessões de cultura lituana para as comunidades locais;

- Suplemento escolar para crianças e aulas em horário pós-escolar;

- Eventos da comunidade lituana de Boston;

- Voz da comunidade (Boston Target, Lincolnshire Echo, BBC, Guardian, Arte TV, Tiesa, outras empresas e investigadores nacionais e internacionais);

- Boston More in Common Group (representantes da comunidade lituana de Boston);

- Voluntários da comunidade que trabalham em serviços sociais, escolas, infantários e instituições de caridade locais;

- Trabalho em rede e ajuda à polícia local;

- Trabalho em parceria com a LCVS e o Boston Advice Bureau;

- Trabalho em parceria com o Lincolnshire County Council (apoio às crianças nas escolas);

- Trabalhar em parceria com Stump (contribuir para os projectos da igreja, como Lego Build, St. Mary's Chapel);

- Trabalho em parceria com a Igreja Católica de Santa Maria (missa lituana);

- Representar a comunidade lituana de Boston e participar nas reuniões da Boston Borough Town e estabelecer contactos com outras instituições locais;

- Representação da comunidade lituana de Boston e participação em reuniões da comunidade na Embaixada da Lituânia em Londres;

- Representação da Boston Lithuanian Supplementary School nas reuniões da EMTET em

Lincoln;

- Oferecer oportunidades para melhorar as competências em língua inglesa na Boston English Academy;

- Promoção de várias actividades, eventos, informações e notícias locais no perfil da comunidade lituana de Boston;

- Trabalhar num projeto comunitário que incluirá:

Centro de Educação da Comunidade Lituana com Escola Suplementar Lituana de Boston, infantário bilingue, ESOL e aulas de TI para crianças e adultos, aulas de sensibilização para o lituano, noções básicas da língua lituana, estudos religiosos, aulas de primeira comunhão, seminários de educação e formação para voluntários e professores da comunidade;

- **Centro de Informação da Comunidade Lituana** que oferecerá ajuda informativa, serviços de tradução e interpretação, trabalho em rede com o Boston Borough Council, Citizen Advice Bureau, meios de comunicação social, investigadores, polícia, serviços sociais, escolas, NHS, etc;

. **Centro de lazer da comunidade lituana** com salas de leitura e uma biblioteca, salas de jogos para crianças, um pavilhão desportivo, uma sala de beleza e de relaxamento;

- **Centro de Denúncias de Crimes de Ódio**, que oferecerá ajuda às vítimas de abusos domésticos, apoio com sessões jurídicas gratuitas e cooperação com a polícia;

- **Centro de Actividades** para **Mulheres** para as mulheres da comunidade lituana de Boston que não falam suficientemente bem a língua inglesa e que gostariam de melhorar os seus conhecimentos de inglês partilhando passatempos como a culinária, o tricô, a pintura, a fotografia, etc.

yes
I want morebooks!

Buy your books fast and straightforward online - at one of world's fastest growing online book stores! Environmentally sound due to Print-on-Demand technologies.

Buy your books online at
www.morebooks.shop

Compre os seus livros mais rápido e diretamente na internet, em uma das livrarias on-line com o maior crescimento no mundo! Produção que protege o meio ambiente através das tecnologias de impressão sob demanda.

Compre os seus livros on-line em
www.morebooks.shop

Printed by Books on Demand GmbH, Norderstedt / Germany